· 天才小传记 ·

查尔斯·达尔文

［意］伊莎贝尔·穆尼奥斯　著

孙萍　译

北 京 出 版 集 团
北京美术摄影出版社

WS White Star Publishers® is a registered trademark property of White Star s.r.l.
The Original Title: Charles Darwin
© 2019 White Star s.r.l.
Piazzale Luigi Cadorna, 6
20123 Milan, Italy
www.whitestar.it

图书在版编目（CIP）数据

查尔斯·达尔文 /（意）伊莎贝尔·穆尼奥斯著 ；
孙萍译. — 北京 ：北京美术摄影出版社，2022.8
（天才小传记）
书名原文：Charles Darwin
ISBN 978-7-5592-0524-7

Ⅰ. ①查⋯ Ⅱ. ①伊⋯ ②孙⋯ Ⅲ. ①达尔文（
Darwin, Charles 1809-1882）—传记—儿童读物 Ⅳ.
① K835.616.15-49

中国版本图书馆CIP数据核字（2022）第112694号

北京市版权局著作权合同登记号：01-2020-0474

责任编辑：耿苏萌
执行编辑：刘舒甜
责任印制：彭军芳

天才小传记

查尔斯·达尔文
CHA'ERSI·DA'ERWEN

[意] 伊莎贝尔·穆尼奥斯　著

孙萍　译

出　版	北京出版集团
	北京美术摄影出版社
地　址	北京北三环中路 6 号
邮　编	100120
网　址	www.bph.com.cn
总发行	北京出版集团
发　行	京版北美（北京）文化艺术传媒有限公司
经　销	新华书店
印　刷	北京华联印刷有限公司
版印次	2022 年 8 月第 1 版第 1 次印刷
开　本	787 毫米 × 1092 毫米　1 / 16
印　张	2.75
字　数	12 千字
书　号	ISBN 978-7-5592-0524-7
审图号	GS 京（2022）0218 号
定　价	29.80 元

如有印装质量问题，由本社负责调换
质量监督电话　010-58572393
注：本书插图系原书原图

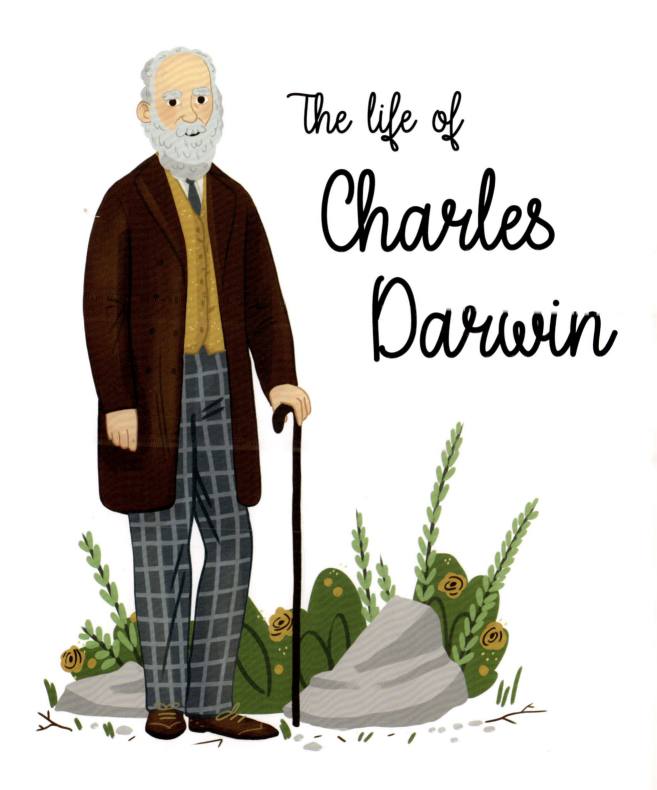

The life of Charles Darwin

我是查尔斯·达尔文，向人们介绍进化论和自然选择过程的生物学家。在当时，进化论是一个颇具争议的理论，遭到了许多人的强烈质疑。

在充满冒险和非凡新发现的旅程中和我一起环游世界吧，这将永远改变我们看待世界的方式。

1809 年 2 月 12 日，我出生在英国的什鲁斯伯里。我的父亲是一名医生，名叫罗伯特。我的母亲苏珊娜来自于著名的韦奇伍德陶瓷之家。我的父母有 6 个孩子，我排行老五。母亲在我 8 岁时去世了，我是姐姐们带大的。

我的祖父——著名的植物学家伊拉兹马斯·达尔文博士，是一名思想前卫的医生。1794 年到 1796 年，他写了《动物法则》一书，提出了一个激进且极具争议的观点，即一个物种可以"转化"为另一个物种。

1825 年 10 月，16 岁的我开始在爱丁堡大学学习。父亲希望我能像他一样成为一名医生，因此我便学医了。可是我却不是最好的学生，因为我一看到血就不舒服。

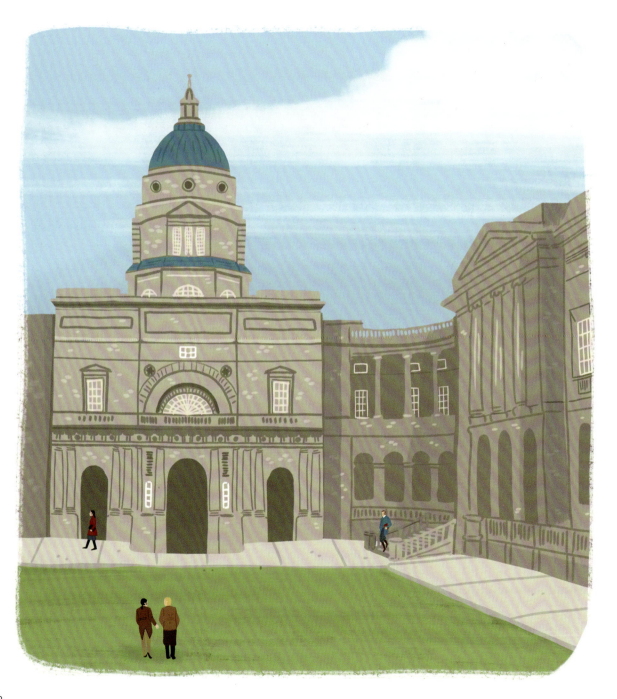

我花了很多时间和罗伯特·格兰特讨论海洋生物。格兰特是一名合格的医生，但后来他放弃了医学转而从事海洋生物学的研究。1826年11月28日，我被选为布里尼学会的会员。这是一个大学俱乐部，会员都是对自然历史感兴趣的学生。在这里，我遇见了许多激进的自由思想家。

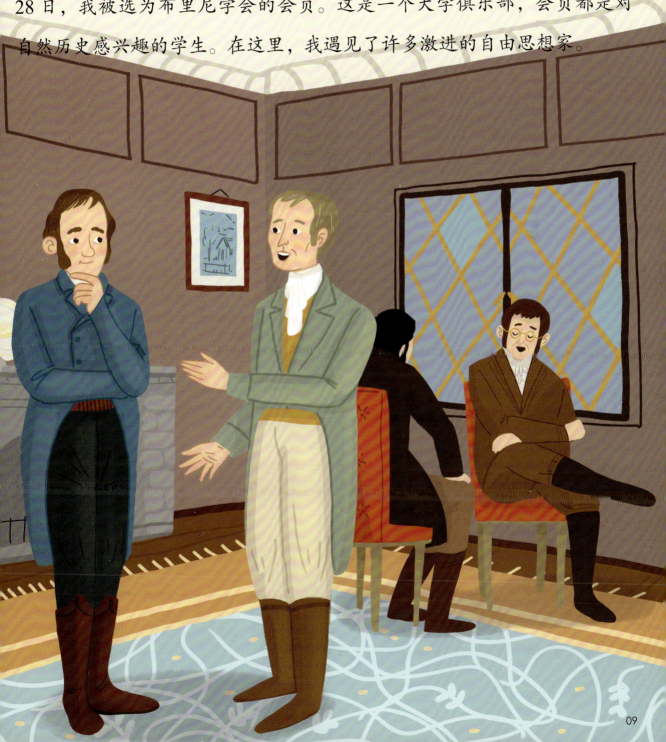

1827 年 10 月，我被剑桥大学基督学院录取。第二年 1 月，我开始在那里学习。由于医学不适合我，父亲便建议我学习如何成为一名牧师。

我最喜欢的科目仍然是生物和自然历史。植物学教授约翰·亨斯洛成了我的导师，我将很多时间都花在散步和收集甲虫上。1831 年，我终于获得了文学学士学位。

在我成为一名牧师之前，我得到了一个千载难逢的机会。亨斯洛推荐我以博物学家的身份乘坐一艘双桅横帆船——英国皇家海军舰艇"小猎犬号"，参加科学考察。这是一次为期5年的环球航行，旨在考察南美洲最南端的海岸。

1831 年 12 月 27 日，在罗伯特·菲茨罗伊船长的带领下，我们从普利茅斯港起航，当时我 22 岁。尽管我晕船严重，却依然很兴奋。

出发前，我向伦敦动物园的专家们咨询如何保存标本，以确保自己装备齐全。我们在 5 年内访问了四大洲。我经常下船去观察大自然，尽可能多地待在陆地上。

这是一个学习植物学、地质学和动物学原理的难得的机会。为了收集植物和化石标本，调查当地的地质情况，我身体力行地做了很多研究和实验。

在巴西，我探索了一片热带雨林。在阿根廷，我发现了许多化石。在奇洛埃岛，我目睹了奥索尔诺火山的喷发。我将实地考察的结果做了详细的笔记，整理成一本又一本的日记，并把它们都寄回了家。

巴西

阿根廷

奇洛埃岛

当我们离开南美洲时，在离厄瓜多尔海岸 600 英里^①的加拉帕戈斯群岛停了下来。我们在 4 个火山小岛上待了 5 个多星期，它们分别是圣克里斯托瓦尔岛、佛罗里那岛、伊萨贝拉岛和圣地亚哥岛。我发现，虽然每个岛屿上都有相似的动植物，但它们却完美地适应着不同的环境。

我们于 1836 年 10 月 2 日回到英国。我的脑子里充满了我所见过和经历过的所有非同寻常的事情，于是，我立刻将我的发现写了下来。

这次旅行对我产生了深远的影响，它改变了我对自然史的看法，一种革命性的新理论的种子开始萌芽。

我发现，适应环境的动物活得更久，孕育的后代也更多；而那些不适应环境，也无法繁衍后代的动物则渐渐灭亡。现在我深信，进化是通过一个被我称为"自然选择"的过程发生的。

1837 年 1 月，我成为地质学会的会员，发表了 4 篇关于我在"小猎犬号"上的一些发现的论文。1838 年，我成为地质学会的秘书。同年 11 月 11 日，我向爱玛·韦奇伍德求婚。她欣然应允，我们于 1839 年 1 月 29 日结婚。我们陆续生了 10 个孩子，6 个男孩和 4 个女孩。

在结婚时，我仍在犹豫是否应该把我的新理论公之于众，但由于它违背了我的基督教信仰，再想到我祖父就是因为说出了他的"转化"思想而被人们苛刻地对待，于是我合上了笔记本，没有将我的发现公之于众，而是于1839年出版了我的旅行日记。

我的大女儿安妮在 1851 年去世了，我从未真正地从失去爱女的悲痛中恢复过来，自己也经常生病，在我的余生中常感到恶心。没人能查明我的病因。有人说我是在旅行中染上了热带疾病，而其他人则认为是压力太大导致的头疼。

我仍继续研究和发展我的理论，出版了几本关于珊瑚礁和南美地质学的书。这些著作提高了我作为地质学家的声誉。1853 年，我因对藤壶的细致研究而获得了英国皇家学会的皇家勋章。第二年，我被选入皇家学会哲学俱乐部。

到 1858 年 6 月，我已经写了大量的与进化和自然选择相关的文章，但是除了我自己，没有人读过这些文章。当我收到阿尔弗雷德·拉塞尔·华莱士的一封信时，我得到了把我的理论公之于众的动力。

他一直很崇拜我，我的"小猎犬号"之行也曾激励他去旅行。后来他提出了自己的自然选择论，曾写信征求我的意见，问我是否该出版这本书。如果我不迅速采取行动，人们就会把我的想法归功于华莱士了。

由于华莱士在国外联系不上，所以我必须独自决定如何进行。我既想确保我的想法得到认可，同时又想承认华莱士的研究。1858 年 7 月 1 日，我的理论在林奈学会的一次学术会议上被公开，林奈学会是英国研究自然史的主要组织。

由于我的小儿子查尔斯在刚刚 18 个月大的时候死于猩红热，因此我错过了这次会议。我的朋友查尔斯·莱尔和约瑟夫·胡克替我宣读了我事先准备好的信。他们还摘录了我和华莱士论文中的观点。华莱士后来也认为这是公平的。

然后，我于 1859 年 11 月撰写并出版了一本书，对我的理论进行了详细的解释。该书名为《物种起源》。我提到的一个重要发现是，人类是由类人猿进化而来的。

我害怕像祖父一样名声扫地。尽管很多人对我的想法感到震惊，但也有很多人愿意接受我的观点。我的进化论和自然选择过程后来被称为"达尔文学说"。我的书现在被认为是人类有史以来最重要的著作之一，被译成了多个版本，并在全世界销售。

在我的书出版之后，任何关于进化论的争论都会吸引大量的观众。我不愿参加，甚至不愿为自己的观点辩护。然而，一位名叫托马斯·赫胥黎的年轻生物学家并不惧怕挑起许多人眼中的科学与上帝之争。

1860 年，在英国科学促进协会的一次会议上，赫胥黎把我的进化论观点与塞缪尔·威尔伯福斯主教的《圣经》创世论对立起来。双方都声称自己是正确的，这场争辩必将载入史册。

1864年11月30日，我被英国皇家学会授予科普利奖章。这是最古老、最有声望的奖项，每年颁发一次，授予在科学研究方面有突出成就的人。之后，我发病的时间越来越长了。最终，我的心脏停止了跳动，于1882年4月19日在家中去世。

我被安葬在英国威斯敏斯特教堂，许多科学界的重要人物都参加了我的葬礼。1887年，在我去世5年之后，我在1876年为了逗孙子孙女们开心而写的自传出版了。在接下来的一个世纪，DNA研究最终为我的进化论提供了科学依据。

我希望我的故事能激励你对自己的想法有信心，并勇敢地表达出来。不要害怕挑战传统，因为只有这样才能开启新的领域，才能做出重要的改变。总会有人反对你，也总会有人支持你，关键是要有勇气，相信自己。

2月12日，达尔文出生在英国什鲁斯伯里。

什鲁斯伯里

12月27日，达尔文乘坐英国皇家海军舰艇"小猎犬号"开始了为期5年的环球航行。

达尔文与罗伯特·格兰特成为朋友，并被选为布里尼学会的会员。

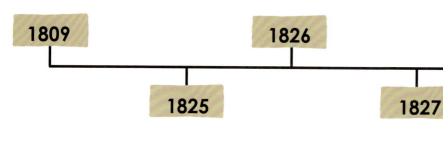

1809	1826	1831

1825	1827

达尔文开始在爱丁堡大学学习医学，但对自然史更感兴趣。

达尔文被剑桥大学基督学院录取，他想成为一名牧师。植物学教授约翰·亨斯洛成了他的导师。

达尔文成为地质学
会的会员。

达尔文出版了
旅行日记。

1837

1839

1836

1838

1842

达尔文于10月2日
回到了英国。他
立刻将他的发现
记录下来。

达尔文成为地质学会的
秘书并向爱玛·韦奇伍
德求婚。

达尔文一家搬到了
肯特郡达温村。

肯特

达尔文的大女儿
安妮去世。

达尔文被选入英国皇
家学会哲学俱乐部并
成为林奈学会会员。

达尔文收到了一封来
自艾尔弗雷德·拉塞
尔·华莱士的信，鼓
励他最终公开了自然
选择论。

1851

1853

1854

1856

1858

达尔文对藤壶的研究为其赢得了
英国皇家学会的皇家勋章。

达尔文最小的儿子出生。

托马斯·赫胥黎在与塞缪尔·威尔伯福斯主教的辩论中为达尔文的理论辩护。

4月19日，达尔文在家中去世，葬于威斯敏斯特教堂。

1860　　**1882**

1859　　**1864**　　**1887**

达尔文的《物种起源》出版。

达尔文被英国皇家学会授予科普利奖章。

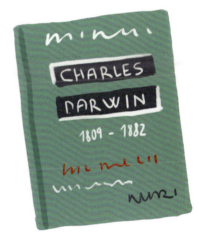

达尔文的自传出版。

问题

问题1：谁是达尔文在剑桥大学的导师？

问题2：达尔文曾乘坐一艘双桅横帆船环游世界，
这艘船的名字是什么？

问题3：达尔文在加拉帕戈斯群岛的哪4座
岛屿上待过？

问题4：达尔文是哪一天回到英国的？

问题5：1837年达尔文被选为某学会的会员并在第二
年成为该学会的秘书，这个学会的名字是什么？

问题6：1853年，达尔文之所以获得英国皇家学会的
皇家勋章，是因为他细致地研究了什么？

问题7：是谁的信促使达尔文公开了他的理论？

问题8：达尔文最著名的著作叫什么名字？

问题9：托马斯·赫胥黎为达尔文的理论辩护，
亚胥黎反对的是谁？

问题10：达尔文被葬在了哪里？

答案

答案1：约翰·亨斯洛

答案2：英国皇家海军舰艇"小猎犬号"

答案3：圣克里斯托瓦尔岛、佛罗里那岛、伊萨贝拉岛和圣地亚哥岛

答案4：1836年10月2日

答案5：地质学会

答案6：藤壶

答案7：阿尔弗雷德·拉塞尔·华莱士

答案8：《物种起源》

答案9：塞缪尔·威尔伯福斯主教

答案10：威斯敏斯特教堂

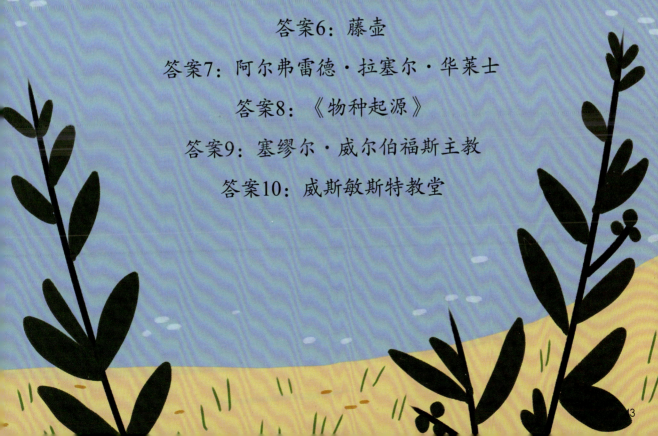

44